DON
BOSCO

Andrea Erkert

Die 50 besten
Spiele zum
Austoben

DON BOSCO *MiniSpielothek*

**Gerne nehmen wir Ihre Anregungen,
Wünsche, Kritik oder Fragen entgegen:**
Don Bosco Medien GmbH, Sieboldstraße 11, 81669 München
Servicetelefon: (0 89) 4 80 08-341

Bibliografische Information der Deutschen Nationalbibliothek

Die Deutsche Nationalbibliothek verzeichnet diese Publikation
in der Deutschen Nationalbibliografie; detaillierte bibliografische
Daten sind im Internet über http://dnb.d-nb.de abrufbar.

1. Auflage 2011 / ISBN 978-3-7698-1863-5
© 2011 Don Bosco Medien GmbH, München
www.donbosco-medien.de
Umschlag: Felix Weinold
Umschlagfoto: iStockphoto
Layout: Alexandra Paulus
Produktion: Don Bosco Druck & Design, Ensdorf

Gedruckt auf umweltfreundlichem Papier

Inhalt

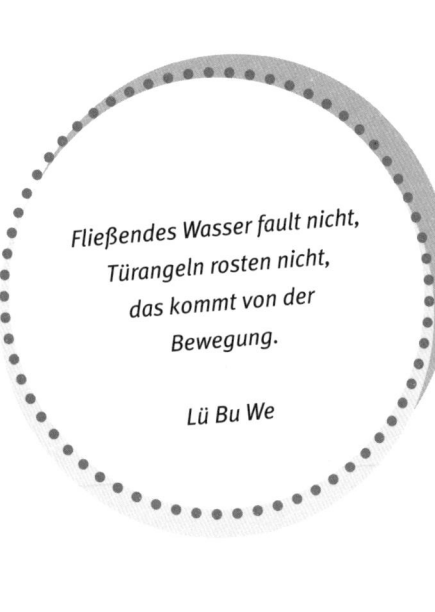

*Fließendes Wasser fault nicht,
Türangeln rosten nicht,
das kommt von der
Bewegung.*

Lü Bu We

Spiele zum Tanzen

Wer macht was vor?

Ein Kind holt sich ein Chiffontuch. Zum Rhythmus der Tanzmusik tanzen alle Kinder frei durch den Raum. Begegnet dem Kind mit dem Tuch ein anderes, erhält dieses das Tuch. Dieses Kind sucht sich ein neues Kind, dem es schließlich das Tuch übergibt. Auf diese Weise wird das Tanzspiel so lange weitergeführt, bis die Spielleitung die Musik stoppt. Dasjenige Kind, das gerade das Tuch in den Händen hält, macht eine Bewegung vor, indem es sich z. B. wie ein Hampelmann bewegt oder einfach um die eigene Achse dreht. Alle übrigen Kinder machen die Bewegung nach. Sobald die Musik wieder einsetzt, wird das Tanzspiel mit dem Tuch fortgesetzt.

Material

flotte Tanzmusik, ein Chiffontuch

Trommel-Stopp

Alle Kinder bis auf eines stehen im Kreis. Dieses Kind holt sich eine Handtrommel und stellt sich in die Kreismitte. Zum Rhythmus des Trommelspiels laufen alle Kinder im Uhrzeigersinn hintereinander her. Allerdings nur so lange, bis das Kind zu trommeln aufhört. In diesem Moment bleiben alle Kinder wie versteinert stehen. Dasjenige Kind, das besonders schnell reagiert, erhält eine weitere Handtrommel. Zum Rhythmus des gemeinsamen Trommelspiels, laufen nun alle Kinder im Kreis herum. Sobald jedoch das gemeinsame Trommelspiel verstummt, bleiben alle Kinder stehen. Wer besonders schnell reagiert, erhält eine weitere Handtrommel. Ist diese Spielrunde beendet, fängt das Spiel mit nur einem Trommel-Kind von vorn an.

Material

drei Handtrommeln

Tiger- oder Ententanz?

Die Kinder werden in zwei gleich große Gruppen aufgeteilt. Die eine Hälfte der Kinder verteilt sich im Raum und überlegt sich jeweils ein Tier. Während sich nun die Kinder aus der ersten Gruppe, z. B. als Tiger, Hund oder gar Springmaus im Takt der Musik durch den Raum bewegen, ahmt die zweite Gruppe die Bewegungen nach und versucht herauszufinden, welche Tiere die Kinder darstellen. Sobald die Spielleitung die Musik stoppt, bleiben alle Kinder stehen. Wer weiß wohl, wie die einzelnen Tiere heißen, die gerade noch miteinander getanzt haben? Die Kinder aus der zweiten Gruppe, gehen zu jeweils einem freien Kind aus der ersten Gruppe und versuchen das dargestellte Tier zu erraten. Diejenigen Kinder, welche die richtige Antwort geben, tauschen in der neuen Spielrunde mit ihrem Partnerkind die Rolle.

Material

flotte Tanzmusik

Musik-Kissenschlacht

Die Spielleitung stellt in die Raummitte mehrere Markierungskegel der Reihe nach auf den Boden, sodass zwei voneinander abgrenzte Spielfelder entstehen. Danach bilden die Kinder zwei Gruppen, diese verteilen sich in jeweils einem Spielfeld. In jedes Spielfeld legt die Spielleitung für jedes Kind ein Kissen auf den Boden und schaltet die Tanzmusik ein. Zu deren Rhythmus sich alle Kinder drum herum bewegen. Sobald jedoch die Spielleitung die Musik stoppt, müssen alle Kinder rasch die Kissen in das gegnerische Spielfeld werfen. Die Kissenschlacht geht so lange, bis die Spielleitung die Musik einschaltet, wieder tanzen die Kinder um die einzelnen Kissen herum.

Material

Markierungskegel o. Ä., für jedes Kind ein Kissen, flotte Tanzmusik

Flotter Schlangentanz

Die Kinder bilden eine Schlange. Zum Rhythmus der Musik laufen die Kinder hintereinander durch den Raum und machen alles nach, was der Schlangenkopf bzw. das erste Kind in der Schlange vormacht. Dabei kann das Kind z.B. rhythmisch die Arme auf und ab bewegen, wie ein Känguru springen oder mit den Händen auf die Oberschenkel patschen. Stoppt die Musik, gehen alle Kinder weiter und das letzte Kind in der Schlange läuft so schnell wie möglich nach vorne und ist dann der neue Schlangenkopf. Danach schaltet die Spielleitung die Musik wieder ein, zu deren Rhythmus bewegt sich die Schlange wieder durch den Raum. Auf diese Weise wird das Spiel so lange fortgesetzt, bis alle Kinder einmal die Schlange anführen durften.

Material

flotte Tanzmusik

Rechts oder links herum?

Die Kinder stehen hintereinander in einem großzügigen Kreis. Die Spielleitung wählt eine immer schneller werdende Musik aus, z.B. Sirtaki (griechischer Kunsttanz) oder andere flotte Tanzmusik. Ist keine passende Musik da, kann sie auch eine Handtrommel benutzen.

Zum Rhythmus der Musik oder des Trommelspiels laufen alle langsam, dann immer schneller im Uhrzeigersinn herum. Das geht so lange, bis die Spielleitung ihre beiden Arme in die Luft hebt. Jetzt wechseln alle Kinder die Tanzrichtung und laufen im Takt weiter. Das Hin und Her geht so lange, bis die Musik beendet ist.

immer schneller werdende Musik oder eine Handtrommel

Tanz mit Hindernissen

Die Kinder bilden Tanzpaare. Die Hälfte der Paare holt sich jeweils ein Seil und stellt sich in zwei Reihen auf, sodass eine lange Gasse entsteht. Dabei halten die einzelnen Paare jeweils ein Seil zwischen sich gespannt. Die Seile werden von Paar zu Paar immer tiefer gehalten.

Zum Rhythmus der Musik tanzen alle übrigen Paare kreuz und quer durch den Raum. Sobald die Spielleitung ganz laut „Gasse!" ruft, laufen die Kinder zum Anfang der Gasse, bei der nun auch die Spielleitung steht. Nun probieren die Kinder zu zweit aus, wie sie unter den einzelnen Seilen hindurch kommen können. Ähnlich wie beim traditionellen Limbotanz dürfen sie die Seile nicht berühren. Am anderen Ende der Gasse angekommen, tanzen sie wieder rhythmisch so lange durch den Raum, bis die Musik beendet ist. Danach tauschen beide Gruppen ihre Rollen.

Material

für die Hälfte der Paare jeweils ein Gymnastikseil, flotte Tanzmusik

Indianer-Trommeltanz

Bis auf ein Kind bilden alle einen großen Kreis und spielen Indianer. Das Kind stellt sich in die Kreismitte und erhält eine Handtrommel. Zum Rhythmus des Trommelspiels bewegen sich alle so lange auf ihrem Platz, bis das Trommel-Kind auf einen Indianer zugeht, dem es dann seine Trommel überreicht und dieses dann in der Kreismitte den Trommeltanz fortsetzt.

Variation

Alle Kinder bilden einen Kreis. Ein Kind macht einen großen Schritt in Richtung Kreismitte und erhält eine Trommel. Zum Rhythmus des Trommelspiels laufen alle Kinder hintereinander im Uhrzeigersinn. Stoppt das Trommelspiel, erhält dasjenige Kind die Trommel, das jetzt neben ihm steht.

Material

eine Handtrommel

Schnee und Sonne

Im Raum werden jede Menge Wattebäusche verteilt, die Schnee darstellen.

Zum Rhythmus einer flotten Tanzmusik, laufen die Kinder um die Schneebälle herum. Ist die Musik beendet, lässt die Spielleitung den Gong erklingen. Das sind die warmen Sonnenstrahlen, die den Schnee zum Schmelzen bringen. Kaum ist der Ton verklungen, versucht jedes Kind so schnell wie möglich die Wattebäusche einzusammeln. Dasjenige Kind, das die meisten ergattert, gewinnt das Spiel!

Material

jede Menge Wattebäusche, flotte Tanzmusik, ein Gong o. Ä.

Bildpaar-Tanz

Alle Kinder erhalten je ein Kärtchen mit einem Bildmotiv, das doppelt in der Gruppe vorhanden ist. Während die Spielleitung die Tanzmusik einschaltet, laufen die Kinder durch den Raum und suchen sich ein Kind, um die Bilder zu vergleichen. Handelt es sich um das gleiche Motiv, dann geben sich beide die Hände und tanzen zur Musik. Ansonsten laufen die Kinder weiter und vergleichen ihre Bilder. Falls sich nicht alle Paare finden, wird das Spiel wiederholt.

Variation

Während die Musik läuft, bilden die Kinder je eine Gruppe mit Bauernhof-, Haus- und Wildtieren. Hierzu laufen alle Kinder durch den Raum und vergleichen ihre Bildkarten. Welche Gruppe wird am schnellsten Hand in Hand zur Musik herum tanzen?

Material

für jedes Kind ein Kärtchen mit Bildmotiv, flotte Tanzmusik

Wurf- und Fangspiele

Ball werfen und grüßen

Alle Kinder stehen im Kreis. Die Spielleitung steht in der Kreismitte und begrüßt ein Kind, dem es den Softball zuwirft. Das Kind fängt den Ball, läuft in die Kreismitte und wechselt mit der Spielleitung den Platz. Während nun das Kind ein neues Kind begrüßt und diesem den Ball zuwirft, läuft die Spielleitung auf der Stelle. Das Spiel ist beendet, wenn alle Kinder begrüßt wurden und auf der Stelle laufen.

Hinweis

Die Kinder, die bereits auf der Stelle laufen, werden nicht noch einmal begrüßt, da sonst das Spiel kein Ende hat.

Material

ein Softball

Wer fängt den Ball?

Ein Kind holt sich einen Softball und stellt sich mit dem Rücken zur Gruppe. Es zählt bis drei und wirft den Ball über seinen Kopf hinweg in Richtung Gruppe. Dabei muss eines von den übrigen Kindern den Ball fangen. Danach flüchten alle Kinder so schnell wie möglich vor dem Kind, das jetzt versucht, eines der Kinder mit seinem Ball zu treffen. Sobald das geschieht, beginnt das Spiel mit einem neuen Kind von vorn.

Material

ein Softball

Wer ist der Fänger?

Alle Kinder stehen im Kreis und schließen ihre Augen. Die Spielleitung geht leise im Außenkreis herum und tippt dabei einem Kind auf die Schultern, dieses darf sich nicht zu erkennen geben. Danach öffnen alle Kinder ihre Augen. Sie übergibt einem weiteren Kind einen Softball, das sich in die Kreismitte stellt und irgendein Kind benennt. Während es nun den Ball hoch in die Luft wirft, läuft das ausgewählte Kind in den Innenkreis, um den Ball zu fangen. Sollte es sich bei dem Kind nicht um das von der Spielleitung angetippte handeln, wählt es auf die gleiche Art ein neues Kind aus. Ist es das von der Spielleitung ausgewählte, dann legt es den Ball auf den Boden und läuft in Richtung der Gruppe, um ein Kind zu fangen. Das versuchen die Kinder zu verhindern, indem sie möglichst schnell weglaufen und den Kreis auflösen. Das fangende Kind hat jetzt drei Minuten Zeit, um ein Kind zu schnappen. Falls das nicht klappt, hat die Gruppe gewonnen!

Material

ein Softball, ein Time Timer oder eine Eieruhr

Am Ball bleiben

Die Kinder bilden zwei gleich große Gruppen. Alle Kinder aus der ersten Gruppe holen sich jeweils einen Softball, den sie vom Platz aus auf den Boden prellen. Zum schnellen Rhythmus des Trommelspiels laufen alle übrigen Kinder kreuz und quer so lange durch den Raum, bis dieses plötzlich verstummt. Nun sucht sich jedes Kind aus der zweiten Gruppe ein Kind aus, das einen Ball hat. Stehen zwei Kinder beisammen, stellen sie sich gegenüber und werfen sich gegenseitig ihren Ball zu. Danach erhalten die Kinder aus der zweiten Gruppe jeweils einen Softball und das Spiel fängt von vorne an.

Material

für die Kinder aus der ersten Gruppe jeweils einen Softball, eine Handtrommel

Fußjagd im Kreis

Die Spielleitung zeichnet mit Kreide oder legt aus Seilen einen großen Kreis auf den Boden, um den die Kinder sich verteilen. Danach erhalten die Kinder einen Ball, den sie sich gegenseitig so lange im Kreis zuwerfen, bis die Spielleitung einmal kräftig trommelt. Nun muss das Kind, das gerade den Ball in den Händen hält, mit viel Schwung den Ball in den Innenkreis rollen und dabei versuchen einen Fuß zu treffen. Gelingt das Vorhaben, bekommt es mit dem Schminkstift einen Punkt auf die Stirn gemalt. Unabhängig davon, fängt dann das Spiel von vorne an. Nach zehn Minuten ist das Spiel beendet. Wer die meisten Punkte sammeln konnte bzw. auf seiner Stirn hat, ist Sieger!

Material

ein Stück Kreide oder mehrere Springseile, ein Softball, eine Handtrommel, ein Schminkstift, ein Time Timer oder eine Eieruhr

Schau' auf die Punktzahl!

Alle Kinder stehen im Kreis. Die Spielleitung holt einen großen Schaumstoffwürfel, stellt sich in die Kreismitte und wirft diesen einem Kind zu. Kann das Kind den Würfel nicht fangen, wiederholt sie den Vorgang mit einem neuen Kind. Sobald jedoch ein Kind den Würfel fängt, schaut es auf die Augenzahl. Je nachdem, welche Augenzahl auf dem Würfel zu sehen ist, sagt es z. B. Folgendes: „4 Kinder sind dran, jetzt fange ich an!"

Daraufhin laufen alle Kinder rasch weg. Denn jetzt versucht das Kind möglichst schnell vier Kinder zu fangen. Gelingt das Vorhaben bevor die Zeit nach vier Minuten abgelaufen ist? (Für jedes Kind bekommt der Fänger eine Minute Zeit.) Falls ja, dann darf es in der nächsten Runde die Rolle der Spielleitung übernehmen und sich in die Kreismitte stellen.

Material

ein Schaumstoffwürfel, ein Time Timer oder eine Eieruhr

Zahlen-Ausdauertraining

Die Kinder stehen in einem großzügigen Kreis. Ein Kind erhält einen Softball und teilt der Gruppe eine Zahl von Eins bis Zehn mit. Je nachdem, welche Zahl genannt wurde, geben die Kinder den Ball genauso oft im Uhrzeigersinn weiter. Dasjenige Kind, das zuletzt den Ball in den Händen hält, sagt z.B.: „Alle Kinder hüpfen oder laufen auf der Stelle!" Nun dürfen alle Kinder so lange, entweder auf der Stelle hüpfen oder laufen, bis das Kind, das den Softball in den Händen hält, eine neue Zahl laut benennt und somit eine neue Spielrunde startet.

ein Softball

Erst schnappen, dann jonglieren

Zwei von drei Kindern erhalten jeweils ein Stofftuch zum Jonglieren, das sie sich am Hosen- oder Rockbund befestigen. Trommelt die Spielleitung einmal kräftig, laufen alle Kinder durch den Raum. Dabei versuchen die Kinder, die kein Stofftuch haben, je zwei von den übrigen Kindern zu ergattern. Das versuchen die Kinder zu verhindern, indem sie schnell weglaufen. Welches Kind wird zuerst zwei Stofftücher haben? Welches Kind wir am längsten sein Stofftuch behalten? Man darf gespannt sein, beim zweiten kräftigen Trommeln der Spielleitung!

Variation

Geübtere Kinder können jeweils drei Tücher schnappen.

Material

für zwei von drei Kindern jeweils ein Stofftuch zum Jonglieren, eine Handtrommel

Wo wird das Ufo landen?

Die Spielleitung stellt mehrere Markierungskegel in der Raummitte nacheinander auf, sodass zwei voneinander abgrenzte Spielfelder entstehen. Danach bilden die Kinder zwei gleich große Gruppen und verteilen sich in jeweils einem Spielfeld. Nun erhält ein Kind ein Ufo bzw. eine Soft-Frisbeescheibe. Das Kind wirft die Scheibe in das andere Spielfeld und hofft, dass diese dort gleich landet. Die Kinder aus der anderen Gruppe müssen die Landung verhindern, indem sie versuchen, die Scheibe zu fangen. Gelingt ihnen das nicht, darf sich das Kind für seine Gruppe einen Schminkpunkt auf die Hand malen. Unabhängig davon, kehrt jetzt das Ufo auf die gleiche Art wieder zurück, sodass das Spiel fortgesetzt wird. Nach zwölf Spielrunden wird die Gruppe mit den meisten Punkten ermittelt, die somit die häufigsten Ufo-Landungen gemeistert hat.

Material

mehrere Markierungskegel, ein Schminkstift, eine Soft-Frisbeescheibe

Bunt zusammengewürfelte Gruppen

Die Kinder stehen im Kreis und werfen sich gegenseitig einen großen Schaumstoffwürfel zu, bis die Spielleitung „Stopp!" ruft. Dasjenige Kind, das den Würfel gerade in den Händen hält, zählt die Augen und benennt eine Bewegungsart, z.B. seitlich laufen oder rückwärts gehen. Entsprechend der Augenzahl muss die gleiche Anzahl an Kindern eine Gruppe bilden, sich gegenseitig die Hände geben und miteinander die genannte Bewegungsart ausüben. Wer übrig bleibt, läuft auf der Stelle. Nachdem die Kinder eine Minute lang die Bewegungsart durchführen konnten, bilden sie wieder einen Kreis und starten eine neue Spielrunde mit dem Würfel.

Hinweis

Bei der Zahl Eins wirft das Kind den Würfel in die Luft, bis eine andere Augenzahl erscheint.

ein Schaumstoffwürfel, ein Time Timer oder eine Eieruhr

Kraft- und Kampfspiele

Über die Grenze

Die Kinder gehen zu viert zusammen und holen sich einen Krepppapierstreifen. Dieser stellt eine Grenzlinie dar. Zwei Kinder halten jeweils ein Ende des Krepppapierstreifens locker gespannt in der Hand. Zwei weitere Kinder stellen sich gegenüber und zwar so, dass sich zwischen ihnen der Krepppapierstreifen befindet. Auf ein Kommando, das durch die Spielleitung erfolgt, drückt jedes Kind mit den Händen gegen die seines Partnerkindes. Wer von beiden zuerst die Grenze überquert bzw. den Streifen zerreißt, gewinnt die erste Spielrunde. Nach drei Spielrunden, wird das Sieger-Kind ermittelt. Danach tauschen die Kinder innerhalb ihrer Gruppe die Rollen und wiederholen das Spiel.

Material

für jedes Vierer-Team sechs Krepppapierstreifen (ca. 1 Meter lang und 3 cm breit)

Wer steht gleich im Wasser?

Immer zwei Kinder ziehen ihre Schuhe und Strümpfe aus und erhalten eine große Schüssel gefüllt mit Wasser, die sie auf den Boden platzieren. Sie setzen sich so auf den Boden, dass sich die Schüssel zwischen ihnen befindet.

Erfolgt der Startpfiff durch die Spielleitung, drücken sie über der Schüssel so kräftig wie möglich gegen die Füße des anderen. Das Hin und Her geht so lange, bis die Spielleitung das Spiel nach einer Minute abpfeift oder ein Kind mit den Füßen das Wasser berührt. Ist das Letztere der Fall, gibt es ein Sieger-Kind. Ansonsten haben beide Kinder das Spiel gewonnen.

Hinweis

Anstelle der Schüsseln können die Paare auch blaue Chiffontücher auf den Boden ausbreiten, die dann z. B. die Mecklenburgische Seenplatte darstellen.

Material

für jedes Paar eine große Schüssel gefüllt mit Wasser oder ein blaues Chiffontuch, ein Time Timer oder eine Eieruhr, eine Trillerpfeife

Wie ein Löwe kämpfen

Die Kinder bilden Paare. Während nun die Paare sich jeweils ein bestimmtes starkes Tier, z.B. Bär, Löwe oder Elefant, ausdenken, holt die Spielleitung eine Weichbodenmatte, auf die sich dann zwei Kinder direkt gegenüberstellen.

Erfolgt ein Gongschlag, spielen z.B beide zwei Löwen. Sie knien sich auf allen Vieren auf die Matte, rollen mit den Augen, fletschen die Zähne und versuchen den anderen mit ihren gefährlichen Tatzen auf den Boden zu drücken. Unabhängig davon, darf nur fair miteinander gekämpft werden. Die übrigen Kinder dürfen dabei das Tier, das beide darstellen, erraten. Der Kampf ist beendet, wenn ein Kind mit dem Rücken auf der Matte liegt oder ganz laut „Stopp!" ruft oder der Gong nach einer Minute erklingt. Ist das Letzte der Fall, endet der Kampf unentschieden. Danach darf ein weiteres Paar ein neues starkes Tier darstellen.

Material

eine Weichbodenmatte, ein Gong, eine Uhr mit Sekundenzeiger

Wer bekommt den Platz?

Immer zwei Kinder sitzen Rücken an Rücken auf einem großen Kissen.

Erfolgt der Startpfiff durch die Spielleitung, müssen beide mit viel Kraft gegen den Rücken des anderen drücken und dabei versuchen ihr Partnerkind vom Kissen zu schieben. Hierfür haben die Kinder eine Minute Zeit. Wer am Ende auf dem Kissen sitzen bleibt, gewinnt das Spiel.

Material

ein großes Kissen, eine Trillerpfeife, ein Time Timer oder eine Eieruhr

Den Ball über die Grenze drücken

Während die Spielleitung einen langen Kreidestrich auf den Boden zeichnet, bilden die Kinder Paare und holen sich jeweils einen Medizinball, den sie auf dem Kreidestrich platzieren. Jedes Paar kniet sich direkt gegenüber und zwar so, dass sich zwischen ihnen der Medizinball befindet.

Das Spiel beginnt, wenn die Spielleitung einmal kräftig trommelt. Nun versuchen die Paare mit ganz viel Kraft die vor ihnen liegenden Bälle über die Grenzmarkierung zu drücken. Erfolgt der zweite Trommelschlag, darf nicht mehr gegen den Ball gedrückt werden. Wo befinden sich nun die einzelnen Bälle? Wer den Ball auf die andere Seite drücken konnte, ist Sieger!

Variation

Das Spiel verläuft so wie im Hauptspiel beschrieben, jedoch drücken die Kinder nur mit einer Hand gegen den Ball. Die andere Hand halten sie hinter ihrem Rücken.

Material

eine Kreide, eine Handtrommel, für jedes Paar ein
Medizinball o. Ä.

Aus dem Kreis und los!

Bis auf zwei, drei Kinder, bilden alle Kinder einen Kreis und geben sich gegenseitig die Hände. Alle übrigen Kinder stehen in der Kreismitte.

Erfolgt das Startkommando durch die Spielleitung, müssen die Kinder in der Kreismitte mit aller Kraft versuchen den Kreis zu durchbrechen. Das wiederum versuchen die anderen Kinder zu verhindern, indem sie z. B. ganz eng Hand in Hand im Kreis stehen. Dasjenige Kind, dem die Aufgabe zuerst gelingt, hat das Spiel gewonnen.

Zu zweit drücken

Die Kinder gehen zu viert zusammen und suchen sich eine freie Turnmatte. Sie stellen sich paarweise mit Handfassung nebeneinander auf die Matte und zwar so, dass sie dem anderen Paar direkt gegenüberstehen.

Erfolgt der Startpfiff, versucht jedes Kind mit der freien Hand gegen die Hand des direkt vor ihm stehenden Kindes zu drücken. Welches Paar bringt zuerst das andere Paar aus dem Gleichgewicht und bleibt dabei Hand in Hand stehen?

für jedes Paar eine Turnmatte, eine Trillerpfeife

Der Storch und das Wasser

Die Spielleitung stellt eine Turnbank in die Raummitte, um die sie Turnmatten legt, die einen Bach darstellen. Zwei Kinder spielen Störche. Sie stellen sich mit einem Bein auf die Turnbank gegenüber. Durch gegenseitiges Hände drücken versuchen sie den anderen aus dem Gleichgewicht zu bringen, sodass dieser in den Bach bzw. von der Bank fällt. Welcher Storch steht zuerst im Wasser?

Material

eine Turnbank, vier bis sechs Turnmatten

Wer steht im Regen?

Für jedes zweite Kinder wird ein Schwamm und für die Gruppe ein großer Eimer gefüllt mit Wasser benötigt. In den Eimer tauchen die Kinder ihre Schwämme. Danach verläuft das Spiel folgendermaßen:

Immer zwei Kinder stellen sich mit dem Gesicht zueinander gewandt gegenüber. Sie halten einen nassen Schwamm über ihren Köpfen mit einer Hand gemeinsam fest. Die andere Hand halten sie hinter ihrem Rücken. Ruft die Spielleitung „Auf die Schwämme, nix wie los!", drücken sie mit aller Kraft den Schwamm, in Richtung ihres Partnerkindes, sodass garantiert beide Kinder gleich nass werden. Wer jedoch von beiden mehr Wasser abbekommt, bleibt abzuwarten.

Hinweis

Ein tolles Spiel für heiße Sommertage!

Material

für jedes Paar einen Schwamm, einen Eimer gefüllt mit Wasser

Füße drücken gegeneinander

Zwei Kinder liegen mit dem Rücken auf einer Matte und zwar so, dass sie sich jeweils mit dem rechten Fuß berühren können. Auf ein Kommando, das durch die Spielleitung erfolgt, versuchen sie mit ganzer Kraft gegen den Fuß des anderen zu drücken. Sobald jedoch ein Bein durchgestreckt ist, zählen die übrigen Kinder bis fünf. Denn dasjenige Kind, das in dieser Position fünf Sekunden bleiben kann, gewinnt die erste Spielrunde. Anschließend probieren sie das Spiel auf die gleiche Art mit dem linken Fuß und in der dritten Spielrunde schließlich mit beiden Füßen aus.

Material

für jedes Paar eine Turnmatte

Staffel- und Hindernisspiele

Maulwurf, lauf' schnell' nach Haus'!

Es werden zwei oder mehrere Gruppen gebildet. Jede Gruppe soll die gleiche Anzahl an Kindern haben und benötigt einen Tisch. Die Gruppen stellen sich hintereinander vor je einen Tisch auf und stellen jeweils einen Maulwurfgang dar, indem sie sich breitbeinig hinstellen.

Erfolgt der Startpfiff durch die Spielleitung, krabbeln die ersten Kinder rasch durch die Beine der einzelnen Kinder. Welcher Maulwurf sitzt zuerst in seinem Wohnkessel bzw. unter dem Tisch? Dasjenige Kind bekommt einen Punkt auf die Nase gemalt. Danach treten alle einen großen Schritt zurück, sodass die Kinder unter dem Tisch sich direkt vor diesen ebenfalls breitbeinig hinstellen können. Erfolgt der Startpiff, sind die nächsten Maulwürfe aus jeder Gruppe dran. Diejenige Gruppe, welche am Ende die meisten Punkte hat, ist Sieger!

Material

zwei oder mehrere Tische wie Gruppen vorhanden, ein Schminkstift, eine Trillerpfeife

Wer ist zuerst verkleidet?

Für das Spiel werden zwei bis drei gleich große Gruppen benötigt. Die Spielleitung zeichnet mit Kreide oder legt aus Seilen eine Startlinie für jede Gruppe. Die Gruppen stellen sich hinter der Startlinie auf. Jede Gruppe erhält einen Markierungskegel als Wendepunkt, welche die Spielleitung ca. fünf Meter von der Startlinie entfernt auf den Boden platziert. Auf den Laufstrecken verteilt sie für jedes Kind in der Gruppe ein Kleidungsstück.

Erfolgt der Startpfiff, laufen die ersten Kinder aus jeder Gruppe los. Sie springen über die einzelnen Kleidungstücke und suchen sich in Gedanken etwas aus. An der Wendemarke angekommen, laufen sie möglichst schnell in Richtung Gruppe. Auf den Weg dorthin, dürfen sie sich etwas zum Verkleiden schnappen. Sobald ein Kind seine Gruppe erreicht hat, schlägt es das vorderste Kind ab. Während das Kind sich nun hinten anstellt und das Kleidungsstück anzieht, läuft das vorderste Kind los usw. Welche Gruppe steht zuerst verkleidet so wie am Anfang auf seinem Platz?

Material

für jedes Kind etwas zum Verkleiden, für jede Gruppe ein Markierungskegel o. Ä. und ein Seil oder eine Kreide, eine Trillerpfeife

Eine Gasse mit Hindernissen

Die Kinder werden in zwei gleich große Gruppen aufgeteilt. Jedes zweite Kind aus der ersten Gruppe erhält einen Krepppapierstreifen. Die Kinder aus der ersten Gruppe stellen sich paarweise gegenüber und bilden so eine Gasse. Dabei hält jedes Paar einen Streifen locker gespannt zwischen sich in den Händen. Während sich nun die Paare der ersten Gruppe z. B. auf den Boden knien, auf Zehenspitzen stellen oder in die Hocke gehen, stellen sich die Kinder aus der zweiten Gruppe hintereinander direkt vor die Gasse.

Erfolgt der Startpfiff läuft das erste Kind in die Gasse und versucht so schnell wie möglich die einzelnen Streifen auf irgendeine Art zu überwinden. Dabei kann es z. B. über die Streifen springen oder unter diesen durch krabbeln. Am anderen Ende angekommen, stellt sich das Kind direkt vor das letzte Paar. Danach läuft das nächste Kind los usw. Stehen alle Kinder aus der zweiten Gruppe wieder in einer Schlange, stoppt die Spielleitung die Zeit. Anschließend tauschen beiden Gruppen ihre Rollen und wiederholen das Spiel. Sieger ist diejenige Gruppe, die besonders schnell ihr Ziel erreicht und unterwegs nicht mehr als einen Streifen zerrissen hat.

Material

für jedes zweite Kind einen Krepppapierstreifen (ca. 1 Meter lang und 3 cm breit), eine Stoppuhr oder Uhr mit Sekundenzeiger, eine Trillerpfeife

Auf die Stühle, nix wie los!

Die Kinder werden in zwei gleich große Gruppen aufgeteilt und holen sich jeweils einen Stuhl. Die Gruppen bilden zwei Stuhlreihen, die parallel zueinander und nicht zu nah beisammen stehen. Jede Gruppe stellt sich hintereinander vor ihrem ersten Stuhl auf.

Auf ein Startzeichen, das durch die Spielleitung erfolgt, laufen die beiden ersten Kinder im Slalom um ihre Stuhlreihe herum. Am letzten Stuhl angekommen, laufen sie auf die gleiche Art zurück und setzen sich auf den ersten Stuhl in der Reihe. Sobald ein Kind sitzt, läuft das nächste Kind aus der Gruppe los, um auf die gleiche Art möglichst schnell auf den zweiten Stuhl zu gelangen. Usw. Diejenige Gruppe, die zuerst auf ihren Stühlen sitzt, gewinnt das Spiel.

Material

für jedes Kind einen Stuhl

Wer liest zuerst die Zeitung?

Die Spielleitung markiert eine Start- und Ziellinie, indem sie einen langen Kreidestrich zeichnet und parallel dazu ca. fünf Meter entfernt einen weiteren. Nun bilden die Kinder zwei bis drei gleich große Gruppen, die direkt hinter der Startlinie jeweils eine Schlange bilden. Die Spielleitung verteilt für jede Gruppe bis zur Ziellinie zehn Zeitungfetzen als Hindernisse. Zudem legt sie auf die Ziellinie für jede Gruppe eine aufgeschlagene Tageszeitung.

Erfolgt das Kommando durch die Spielleitung, laufen die ersten Kinder aus jeder Gruppe so lange im Slalom um die Zeitungsfetzen herum, bis sie vor ihrer Zeitung stehen. Sie nehmen sich das obersten doppelseitige Zeitungsblatt weg und laufen bis zur Startlinie nun rückwärts auf die gleiche Art zurück. Dort angekommen, legen sie ihr doppelseitiges Zeitungsblatt ausgebreitet auf den Boden. Wer die Aufgabe geschafft hat, schlägt das vorderste Kind aus seiner Gruppe ab, das jetzt losläuft, um das nächste doppelseitige Zeitungsblatt zu holen. Erst wenn eine Tageszeitung auf der Startlinie liegt, kann diese auch ganz gelesen werden.

Welche Gruppe wird wohl zuerst seine Zeitung vor sich liegen haben?

Material

Kreide, für jedes Kind ein doppelseitiges Zeitungs-blatt, für jede Gruppe zehn Zeitungsfetzen

Wassergläser rasch verteilen

Es werden zwei Gruppen mit gleich vielen Kindern gebildet. Die Kinder aus der ersten Gruppe stehen in einer Schlange und zwar so, dass man zwischen den einzelnen Kindern gut im Slalom laufen kann. Die Kinder aus der zweiten Gruppe erhalten jeweils einen Becher gefüllt mit Wasser und bilden gegenüber dem ersten Kind aus der anderen Gruppe ebenfalls eine Schlange. Auf ein Kommando, das durch die Spielleitung erfolgt, läuft das vorderste Kind mit seinem Becher los. Es läuft im Slalom um die einzelnen Kinder herum, bis es vor dem letzten Kind steht, dem es schließlich seinen Becher übergibt. Danach läuft es im Slalom wieder die ganze Strecke zurück und stellt sich hinten in seiner Gruppe an. Danach läuft das nächste Kind los, um seinen Becher auf die gleiche Art dem vorletzten Kind aus der zweiten Gruppe zu übergeben. Usw. Erst wenn alle Kinder aus der ersten Gruppe wieder in einer Schlange ohne Becher stehen, wird die Zeit gestoppt. Danach überprüft die Spielleitung den Inhalt der einzelnen Becher. Sollte der ein oder andere Becher weniger als bis zur Hälfte mit Wasser gefüllt sein, gibt es für jeden

Becher einen Minuspunkt. Anschließend findet ein Rollentausch statt.

Diejenige Gruppe, die am Ende sowohl die beste Zeit als auch die wenigsten Minuspunkte hat, gewinnt das Spiel.

Material

für jedes zweite Kind einen bruchsicheren Becher gefüllt mit Wasser, eine Stoppuhr oder Uhr mit Sekundenzeiger

Hundestaffel

Die Kinder bilden zwei bis drei gleich große Gruppen und stellen einen Kriechtunnel, ein großes Kissen und schließlich einen Tisch mit genügend Abstand zueinander in einer Reihe auf. Die Kinder aus der ersten Gruppe knien sich hintereinander vor dem ersten Hindernis auf den Boden und spielen Hunde.

Erfolgt das Startkommando durch die Spielleitung, läuft das erste Kind auf allen Vieren los, um möglichst schnell die einzelnen Hindernisse zu überwinden. Es kriecht durch den Tunnel, krabbelt einmal um das Kissen herum und dann unter dem Tisch durch. Danach krabbelt es schnellstmöglich wieder auf die gleiche Art zurück. Es stellt sich hinten in der Reihe an und das nächste Kind läuft auf allen Vieren los. Erst wenn alle Kinder aus der Gruppe die Hindernisse überwinden und wieder so wie am Anfang in einer Reihe stehen, stoppt die Spielleitung die Zeit. Anschließend ist die nächste Gruppe dran, die versucht schneller zu sein.

Material

ein Kriechtunnel, ein großes Kissen, ein Tisch, eine Stoppuhr oder Uhr mit Sekundenzeiger

Lebendige Hindernisse

Die Kinder bilden zwei Gruppen, die aus gleich vielen Kindern bestehen. Die erste Gruppe stellt sich nacheinander und nicht zu nah beisammen auf. Sie stellen verschiedene Hindernisse dar, indem sie sich z.B. breitbeinig hinstellen, ihre Arme weit zur Seite ausbreiten oder sich auf den Boden knien, sodass man über sie springen kann.

Die zweite Gruppe stellt sich hintereinander direkt vor das erste Hindernis. Erfolgt der Startpfiff durch die Spielleitung, läuft das erste Kind los, um die einzelnen Hindernisse möglichst schnell zu überwinden. Danach läuft es die Strecke entlang den Hindernissen zurück und stellt sich hinten an. Nun läuft das nächste Kind los, um auf die gleiche Art möglichst schnell die einzelnen Hindernisse zu überwinden. Stehen alle Kinder wieder auf ihrem Ausgangsplatz, stoppt die Spielleitung die Zeit. Anschließend tauschen beide Gruppen ihre Rollen. Diejenige Gruppe, die am schnellsten alle Hindernisse überwinden konnte, gewinnt das Spiel.

Material

ein Time Timer oder eine Eieruhr, eine Trillerpfeife

Schneller Waldlauf

Für dieses Spiel werden zwei bis drei gleich große Gruppen benötigt, die jeweils die gleiche Anzahl an Kindern haben. Die einzelnen Gruppen stellen sich parallel zueinander und in ihrer Gruppe jeweils hinter einen langen Stock in einer Reihe auf. Die Spielleitung legt auf jede Laufstrecke jeweils fünf unterschiedliche Naturmaterialien.

Erfolgt der Startpfiff durch die Spielleitung, starten beide Gruppen den Waldlauf. Die Kinder aus jeder Gruppe laufen gleichzeitig hintereinander los und versuchen unterwegs die einzelnen Hindernisse auf irgendeine Art zu überwinden. Am letzten Naturmaterial angekommen, laufen sie auf die gleiche Art die Strecke zurück. Diejenige Gruppe, die zuerst wieder so wie am Anfang an der Startlinie steht, hat den Waldlauf gewonnen.

Material

für jede Gruppe einen Stock und fünf verschiedene Naturmaterialien als Hindernisse, eine Trillerpfeife

Wer geht zuerst in den Kindergarten?

Die Kinder teilen sich in zwei bis drei gleich große Gruppen auf. Die Spielleitung breitet die Seile nebeneinander aus. An dieser Startlinie stellen sich die Kinder in ihren Gruppen nacheinander auf. Währenddessen stellt sie für jede Gruppe einen Markierungskegel als Wendepunkt auf den Boden, der mindestens fünf Meter von der Startlinie entfernt ist. Ausgehend von der Startlinie stellt jede Gruppe seine Kindergartentaschen oder Schulranzen bis zum Markierungskegel hintereinander auf den Boden.

Auf ein Startzeichen, das durch die Spielleitung erfolgt, hüpfen die ersten Kinder aus jeder Gruppe im Slalom um die einzelnen Taschen bis zur Wendemarke herum. Danach hüpfen sie so lange auf die gleiche Art die Strecke zurück, bis sie vor ihrem Eigentum stehen. Sie hängen ihre Kindertasche um oder setzen ihren Schulranzen auf und laufen schnellstmöglich zu ihrer Gruppe zurück. Sobald ein Kind an der Startlinie angekommen ist, schlägt es das vorderste Kind aus seiner Gruppe ab, das jetzt losläuft, um auf die gleiche Art an sein Eigentum zu gelangen. Diejenige Gruppe, die am schnellsten in einer Reihe mit ihren Kindergartentaschen oder Schulranzen steht, kann natürlich auch als erste in den Kindergarten oder in die Schule gehen.

Schulranzen oder eine Kindergartentasche, für jede Gruppe ein Markierungskegel o. Ä.

Spiele mit Humor

Achtung, Hundeflöhe!

Alle Kinder verteilen sich im Raum und schließen ihre Augen. Die Spielleitung geht durch den Raum und tippt bis zu fünf Kindern kurz auf die Schultern. Die Kinder spielen Hunde und geben sich zunächst nicht zu erkennen. Danach schaltet die Spielleitung die Tanzmusik ein. Sofort öffnen alle Kinder ihre Augen und bewegen sich im Takt zur Musik frei durch den Raum. Drückt die Spielleitung die Pausentaste des Abspielgeräts, bleiben alle Kinder sofort stehen. Ruft jedoch die Spielleitung „Achtung, Hundeflöhe!", geben sich die drei Hunde zu erkennen, indem sie möglichst schnell unter einen freien Tisch laufen, der die Hundehütte darstellt. Alle übrigen Kinder, spielen die Flöhe, hüpfen jetzt auf einem Bein rasch den Hunden nach. Wurde ein Kind gefangen, wird es von ein paar Flöhen so lange gekitzelt, bis es ganz laut „Stopp!" ruft. Anschließend startet eine weitere Spielrunde, mit neuen Hunde-Kindern.

Material

flotte Tanzmusik

Wer bringt wen zum Lachen?

Für dieses Spiel wird eine gerade Anzahl an Kindern benötigt. Ansonsten macht die Spielleitung, die eine Trommel in der Hand hält, einfach mit.

Zum schnellen Trommelspiel bewegen sich alle Kinder kreuz und quer durch den Raum. Stoppt das Trommelspiel, sucht sich jedes Kind ein anderes Kind. Die einzelnen Paare stellen sich gegenüber und fangen an lustige Grimassen zu schneiden: Sie kneifen ihre Augen und Lippen zusammen, wackeln mit den Ohren, strecken ihre Zunge in Richtung Kinn usw. Wer von beiden wird wohl zuerst lachen?

Material

eine Handtrommel

Clownsgesichter

Die Kinder bilden Paare und erhalten von der Spielleitung je einen roten Schminkstift. Zum Rhythmus der Musik bewegen sich alle Kinder einzeln durch den Raum. Stoppt die Musik, sucht sich jedes Kind ein Partnerkind. Stehen sich die Kinder paarweise gegenüber, bittet die Spielleitung die einzelnen Paare sich gegenseitig die Nase rot anzumalen. Danach schaltet sie wieder die Musik ein, zu deren Rhythmus sich die einzelnen Kinder erneut durch den Raum bewegen. Stoppt die Musik, gehen die Kinder wieder zu zweit zusammen, um sich z. B. gegenseitig die Wangen rot anzumalen. Danach erklingt noch einmal die Musik, zu deren Rhythmus nun alle Clowns so lange durch den Raum tanzen, bis diese beendet ist. Am Schluss dürfen sich alle Kinder im Spiegel betrachten.

Material

für jedes Kind ein roter Schminkstift, flotte Tanzmusik, ein Spiegel

Was zieh' ich an?

Die Kinder holen aus der Verkleidungskiste jede Menge Kleidungsstücke, die sie allesamt im Raum verteilen.

Zum Rhythmus des schnellen Trommelspiels laufen alle Kinder kreuz und quer so lange durch den Raum, bis das Trommelspiel stoppt. Sofort sucht sich jedes Kind etwas zum Anziehen. Dabei können sie sich z. B. eine viel zu große Hose anziehen oder einen altmodischen Federhut aufsetzen. Danach setzt das Trommelspiel wieder ein, zu dessen Rhythmus sich alle Kinder wieder so lange durch den Raum bewegen, bis dieses stoppt. Danach schnappen sich alle Kinder wieder so schnell wie möglich ein weiteres Kleidungsstück. Auf diese Weise wird das Spiel immer weitergeführt, bis alle Kleidungsstücke verteilt sind. Zum Schluss bilden die Kinder einen großen Kreis, um die neuen Outfits mit viel Gelächter zu bestaunen.

Material

für jedes Kind drei Sachen zum Verkleiden

Lustiges Spiegelbild

Die Hälfte der Gruppe steht verteilt im Raum. Zum Rhythmus der Musik laufen alle anderen so lange durch den Raum, bis die Spielleitung die Musik stoppt. Die Kinder suchen sich jeweils ein Kind, das im Raum steht, aus und schneiden Gesichtsfratzen. Dabei ahmen alle übrigen Kinder alles gleich nach. Sobald jedoch einige Kinder anfangen zu lachen, schaltet die Spielleitung wieder die Musik ein, zu deren Rhythmus nun die erste Gruppe sich wieder frei durch den Raum bewegt. Ist die Musik beendet, findet ein Rollentausch statt.

Material

flotte Tanzmusik

Affentanz

Alle Kinder verteilen sich paarweise im Raum und spielen Affen. Zum Rhythmus der Musik tanzen die Kinder zu zweit und machen dabei affenartige Bewegungen. Dabei können sie z. B. im Takt zur Musik mit den Fingerspitzen auf den Kopf ihres Partnerkindes tippen oder zu zweit im Kreis tanzen und dabei ihre Arme auf und ab bewegen. Stoppt die Spielleitung die Musik, sucht sich jedes Affen-Kind ein anders. Danach schaltet die Spielleitung wieder die Musik ein, zu deren Rhythmus die Affen-Paare tanzen.

Variation

Alle Kinder bis auf eines stehen im Kreis. Dieses Kind befindet sich in der Kreismitte und spielt einen Affen. Zum Rhythmus der Musik springt es wie ein Affe im Innenkreis herum. Alle übrigen Kinder, die im Kreis stehen, klopfen mit ihren Fäusten im Takt zur Musik auf ihre Brust. Irgendwann jedoch stoppt die Spielleitung die Musik und das Kind sucht sich ein weiteres Kind aus, das in die Kreismitte geht. Danach schaltet die Spielleitung die Musik wieder ein, zu deren Rhythmus nun beide so lange affenartige Bewegungen machen, bis diese stoppt. Anschließend bitten beide Kinder jeweils ein weiteres Kind in den Kreis zu treten. Auf diese Weise wird das Spiel immer weitergeführt, bis alle Kinder Affen spielen und miteinander im Takt zur Musik tanzen.

Material

flotte Tanzmusik

Von Kopf bis Fuß

Alle Kinder stehen im Kreis. Zum langsamen Rhythmus des Trommelspiels darf ein Kind sich auf der Stelle bewegen und dabei nach Herzenslust blödeln. Alle übrigen Kinder machen alles gleich nach. Währenddessen trommelt die Spielleitung immer schneller, sodass die Bewegungsabläufe von dem Kind ebenfalls schneller erfolgen, die alle übrigen gleich nachahmen. Fangen die Kinder zu lachen an, fängt das Spiel mit einem neuen Kind von vorne an. Welches Kind bringt wohl die Gruppe am schnellsten zum Lachen?

Material

eine Handtrommel

Wilde Elefantenherde

Jedes dritte Kind aus der Gruppe erhält eine Papiertröte, spielt einen Elefanten und stampft mit den anderen Elefanten durch den Raum. Sobald jedoch die Spielleitung einmal trommelt, läuft die wild gewordene Elefantenherde den übrigen Kindern hinterher. Dabei bläst jedes in seine Papiertröte hinein, diese wird dann nach vorne gehalten, sodass sie wie ein Rüssel ausschaut. Wurde ein Kind mit der Papiertröte berührt, bleibt es stehen. Diejenigen Kinder, die nach drei Minuten nicht gefangen wurden, haben das Spiel gewonnen. Unabhängig davon, tauschen in der nächsten Spielrunde dann alle ihre Rollen.

Material

für jedes dritte Kind eine Papiertröte, ein Time Timer oder eine Eieruhr

Vorsicht Wasser!

Auf einem begrenzten Spielfeld verteilt die Spielleitung für drei bis vier Kinder jeweils einen bruchsicheren Becher, die bis zur Hälfte mit Wasser gefüllt sind. Danach laufen alle Kinder kreuz und quer im Spielfeld herum. Das geht so lange, bis die Spielleitung „Vorsicht Wasser!" ruft. In diesem Moment versuchen alle Kinder so schnell wie möglich einen freien Becher zu schnappen. Wer jedoch keinen freien Becher findet, muss die Flucht ergreifen und hoffen, dass die Spielleitung bald „Stopp!" ruft. Denn jetzt laufen die Kinder mit ihren Bechern den anderen hinterher, um diese mithilfe ihrer Finger, die sie immer wieder in das Wasser tauchen, nass zu spritzen. Diejenigen Kinder, die trocken die Spielrunde überstehen, haben das Spiel gewonnen.

Hinweis

Dieses Spiel sollte an einem warmen Sommertag im Freien gespielt werden, da die Kinder schnell nass gespritzt werden können.

Spiele mit Humor

für drei bis vier Kinder jeweils einen Becher gefüllt mit
Wasser

Ein Eilbrief für Frau Trude Rute

Die Kinder stehen im Raum verteilt. Die Spielleitung geht zu einem beliebigen Kind, dem sie einen Briefumschlag in die Hand drückt. Sie flüstert dem Kind als Empfänger einen lustigen Vor- und Nachnamen ins Ohr, der sich reimt, z. B. Trude Rute oder Fritzchen Witzchen. Danach laufen alle Kinder kreuz und quer durch den Raum. Begegnet dem Kind ein anderes, übergibt es diesem möglichst schnell den Umschlag und flüsterst den Namen des Empfängers ins Ohr. Danach laufen beide weiter und das ausgewählte Kind sucht sich ein anderes, dem es den Umschlag Art überreicht. Nach ca. drei Minuten ruft die Spielleitung laut: „Der Eilbrief ist da!" und klingelt. Dasjenige Kind, das jetzt den Briefumschlag in den Händen hält, teilt laut den Vor- und Nachname des Empfängers mit. Ist es noch der Name vom Anfang?

Material

ein Briefumschlag, eine Tischglocke o. Ä.

Don Bosco MiniSpielothek
Klein, fein, alles drin

ISBN 978-3-7698-1863-5

ISBN 978-3-7698-1864-2

ISBN 978-3-7698-1865-9

ISBN 978-3-7698-1846-8

ISBN 978-3-7698-1847-5

ISBN 978-3-7698-1848-2

ISBN 978-3-7698-1796-6

ISBN 978-3-7698-1797-3

ISBN 978-3-7698-1798-0

ISBN 978-3-7698-1783-6

ISBN 978-3-7698-1784-3

ISBN 978-3-7698-1786-7

ISBN 978-3-7698-1729-4

ISBN 978-3-7698-1730-0

ISBN 978-3-7698-1731-7

ISBN 978-3-7698-1613-6

ISBN 978-3-7698-1614-3

ISBN 978-3-7698-1615-0

ISBN 978-3-7698-1531-3   ISBN 978-3-7698-1532-0   ISBN 978-3-7698-1533-7